Chapter 1

ソフィア の ピザ

女の子 が イタリア に います。その 女の子 は ソフィア です。ソフィア は ポーランド に 行きます。ポーランド が 好き です。でも、ソフィア は 嬉しくない です。ポーランド の スーパーマーケット が 好き じゃありません。ポーランド の スーパーマーケット に 美味しい ピザ が ありません！ソフィア は アメリカ に 行きます。ソフィア は アメリカ が 好き じゃありません。でも、アメリカ の スーパーマーケット に 美味しい デリシオッソ ピザ が あります。ソフィア は 嬉しい です。

ズーン が 欲しくない です

嬉しくない 男の子 が います。その 嬉しくない 男の子 は ボブ です。ボブ は アイポッド が 欲しい です。でも、アイポッド が ありません。ボブ は マクロソフト ズーン が あります。ボブ は ゾーイ に 「ゾーイ の アイポッド が 欲しい です。ゾーイ は 私 の ズーン が 欲しい です か?」と 言います。でも、ゾーイ は 「私 は ズーン が 欲しくない です。私 は アイポッド が 好き です。」と 言います。ボブ は アイポッド が ありません。ボブ は 嬉しくない です。

Additional Resources

The following resources, and more, are available through my website: www.easyjapanesestories.com

Lisa と にほん の がっこう

Lisa moves from Canada to Japan. On her first day of school, she learns more about Japan and hopes to make a friend. Will she end up with a friend? Or run away back to Canada.

- Approx. 75 unique words*
- Hiragana only – English used in place of Katakana
- Katakana/Kanji Edition also available
- Perfect for Beginners!

カイとプラネット０４０４

Kai thought he was just a normal kid, with a normal pet dog, and a normal father. Follow Kai as he leaves earth behind and discovers the truth about his family. Kai and his pet "dog" travel to Planet 0404 and take the first steps on their quest to stop Lucifer

- Approx. 112 unique words*
- Both Kanji and Katakana are used extensively, but furigana is provided.
- Intended for intermediate learners.
  (about level 3)

Check my website and sign up for my mailing list to be notified as new resources become available

*Unique word count does not include particles, English, Katakana, or multiple conjugations of the same word.
**This count is based on a combination of the book as well as the class stories from the teacher pack(sold separately)

Copyright © 2019 by Matthew Russell

All rights reserved. No part of this publication may be reproduced, distributed, or transmitted in any form or by any means, including photocopying, recording, or other electronic or mechanical methods, without the prior written permission of the author, except in the case of brief quotations embodied in critical reviews and certain other noncommercial uses permitted by copyright law. For permission requests, write to the author at
easyjapanesestories@gmail.com

Quantity sales. Special discounts are available on quantity purchases by schools, bookstores, associations, and others. For details, contact the author at the email address above or visit: www.easyjapanesestories.com

Table of Contents

Chapter 1
ソフィア の ピザ　1
ズーン が 欲しくない です　2
キャベツ の パンケーキ　3
美味しい パンダ　5

Chapter 2
ミリー の チーズ　10
美味しい ホットドッグ　11
ピンク の カレー　13
チャンク イー チーズ　14

Chapter 3
面白くない ジャスティン　19
コカコーラ の コーヒー　20
オーストラリア の ケーキ　21
ジョニー の ガールフレンド　23

Chapter 4
コカコーラ の シリアル　30
イヴァンカ先生 ①　32
イヴァンカ先生 ②　33
日本語 の クラス　35

Chapter 5
嬉しくない ケイティー　44
青い ツアー　47
ジョン の ガールフレンド　50
眠い お母さん　53

キャベツ の パンケーキ

男の子 が キッチン に います。その 男の子 は ビリー です。ビリー の キッチン に 美味しくない ブロッコリー が あります。でも、ビリー は 美味しくない ブロッコリー が 欲しくない です。ビリー は その 美味しくない ブロッコリー を 食べません。キッチン に 美味しくない ブラッセル スプラウツ が あります。でも、美味しくない ブラッセル スプラウツ が 欲しくない です。その 美味しくない ブラッセル スプラウツ を 食べません。ビリー は 「ママ！パンケーキ が 好き です。美味しい パンケーキ が 欲しい です！」と 言います。でも、ビリー の ママ は 「ビリー、美味しい パンケーキ が 欲しい です か？ 美味しい キャベツ の パンケーキ が あります。」と 言います。

ビリー は 嬉しくない です。キャベツ の パンケーキ を 食べません。
「ママ！キャベツ の パンケーキ は 美味しい パンケーキ じゃありません！キャベツ の パンケーキ は パンケーキ じゃありません！」

美味しい パンダ

女の子 が アメリカ に います。その 女の子 は オーストラリア に 行きます。オーストラリア に 男の子 が います。アメリカ の 女の子 は オーストラリア の 男の子 に 「私 は 美味しい パンダ が 欲しい です。オーストラリア に 美味しい パンダ は います か?」と 言います。オーストラリア の 男の子 は 「オーストラリア に 美味しい パンダ は いません。でも、嬉しい カンガルー が います!」と 言います。でも、アメリカ の 女の子 は 嬉しい カンガルー が 欲しくない です。アメリカ の 女の子 は カナダ の サスカトゥーン に 行きます。サスカトゥーン の 男の子 に 「私 は パンダ が 欲しい です。サスカトゥーン に パンダ は います か?」と 言います。カナダ の 男の子 は 「サスカトゥーン に 美味しい ベリーズ が あります。

バンクーバー に 美味しい パンダ が います。私 は バンクーバー の 美味しい パンダ が 好き です。」 と 言います。アメリカ の 女の子 は カナダ の バンクーバー に 行きます。アメリカ の 女の子 は パンダ に 「私 は パンダ が 好き です。パンダ が 欲しい です。」と 言います。パンダ は 「私 は スモーキー ザ パンダ です。」と 言います。スモーキー は アメリカ の 女の子 が 好き です。アメリカ の 女の子 は スモーキー に 「私 は パンダ が 好き です。でも、私 を 食べます か?」と 言います。パンダ は アメリカ の 女の子 に 「私 は アメリカ の 男の子 を 食べます。でも、アメリカ の 女の子 を 食べません。」と 言います。パンダ は

アメリカ の 女の子 を 食べません！アメリカ の 女の子 は 嬉しい です！アメリカ の 女の子 は 美味しい パンダ を 食べます！

Chapter 1 の たんご(vocabulary)

あいすくりーむ	アイスクリーム	Ice cream
あいぽっど	アイポッド	Ipod
あめりか	アメリカ	America
あらすか	アラスカ	Alaska
あります		There is / To have (object)
ありません		There isn't / To not have (object)
あんあらすか	アンアラスカ	Unalaska(town)
いいます	言います	To say
いきます	行きます	To go
います		There is (person/animal)/ (person/animal) is (somewhere)
うれしい	嬉しい	Happy
うれしくない	嬉しくない	Not happy
おーすとらりあ	オーストラリア	Australia
おいしい	美味しい	Delicious
おいしくない	美味しくない	Not delicious
おとこのこ	男の子	Boy
おんなのこ	女の子	Girl
か		(question marker)
が		(subject marker)

かなだ	カナダ	Canada
かんがるー	カンガルー	Kangaroo
きっちん	キッチン	Kitchen
きゃびあ	キャビア	Caviar
きゃべつ	キャベツ	Cabbage
ぐりーんきゃっする	グリーンキャッスル	Green Castle
さすかとぅーん	サスカトゥーン	Saskatoon
さりー	サリー	Sally
じゃありません		Isn't / Doesn't
すーぱーまーけっと	スーパーマーケット	Supermarket
ずーん	ズーン	Zoon
すき	好き	To like
すぱむばーがー	スパムバーガー	Spamburger
すもーきー ざ ぱんだ	スモーキー ザ パンダ	Smokey the Panda
ぞーい	ゾーイ	Zoe
その〜		That〜
そふぃあ	ソフィア	Sofia
たこす	タコス	Taco(s)
たべます	食べます	To eat
たべません	食べません	To not eat
でいりー くいーん	デイリー クイーン	Dairy Queen
です		Is / Am / Are
でも		But
でりしおっそ ぴざ	デリシオッソ ピザ	Delicioso Pizza
と		(quotation marker)
に		At / To (destination marker)
の		(possesive marker - 's)
は		(topic marker)

ばにら	バニラ	Vanilla
はわい	ハワイ	Hawaii
ばんくーばー	バンクーバー	Vancouver
ぱんけーき	パンケーキ	Pancake
ぱんだ	パンダ	Panda
はんばーがー	ハンバーガー	Hamburger
ぴえーる	ピエール	Pierre
ぴざ	ピザ	Pizza
びりー	ビリー	Billy
ぶらっせる　すぷらうつ	ブラッセル　スプラウツ	Brussel Sprouts
ふらんす	フランス	France
ぶるーきゃっする	ブルーキャッスル	Blue Castle
ぶろっこりー	ブロッコリー	Broccoli
べりーず	ベリーズ	Berries
ぽーらんど	ポーランド	Poland
ほしい	欲しい	To want
ほしくない	欲しくない	To not want
ぼぶ	ボブ	Bob
ほわいときゃっする	ホワイトキャッスル	White Castle
まくろそふと	マクロソフト	Macrosoft
まま	ママ	Mama
めきしこ	メキシコ	Mexico
わたし	私	I
を		(direct object marker)

Chapter 2

ミリー　の　チーズ

嬉しくない　女の子　が　アメリカ　に　いました。その　嬉しくない　女の子　は　ミリーでした。ミリー　は　美味しい　チーズ　が　欲しかった　です。アメリカ　の　美味しくない　チーズ　を　食べました。でも、アメリカ　の　チーズ　が　好き　じゃありませんでした。嬉しくない　ミリー　は　フランス　に　行きました。そして、ミリー　は　フランス　の　美味しい　チーズ　を　食べました。ミリー　は　嬉しかった　です。ミリー　は　フランス　の　チーズ　が　好き　です。

美味しい ホットドッグ

美味しい ホットドッグ が いました。 美味しい ホットドッグ は ケチャップ が 欲しかった です。美味しい ホットドッグ は フォーエバー12 に 行きました。そして、フォーエバー12 の 男の子 に 「私 は ケチャップ が 欲しい です。ケチャップ は あります か?」と 言いました。フォーエバー12 の 男の子 は 「私 は 美味しい ケチャップ が あります。でも、ホットドッグ に あげません!」と 言いました。美味しい ホットドッグ は 嬉しくなかった です。ケチャップ が 欲しかった です!美味しい ホットドッグ は ウォールマート に 行きました。ウォールマート の 女の子 に 「ケチャップ は あります か?」と

言いました。ウォールマート の 女の子 は 「ケチャップ が あります。」と 言いました。そして、ウォールマート の 女の子 は 美味しい ホットドッグ に ケチャップ を あげました。でも、ホットドッグ は 嬉しくなかった です。ウォールマート の 女の子 は ホットドッグ を 食べました！

ピンク　の　カレー

私　は　変な　男の子　です。ピンク　の　カレー　が　好き　です。ダン　"ザ ストーン"　ジェンソン　は

私　に　「その　カレー　は　ピンク　ですか？　それ　は　変　です。」と　言いました。私　は　「これ　は　美味しい　です！」と　言いました。そして、ザストーン　に　ピンク　の　カレー　を　あげました。ザストーン　は　「これ　が　欲しくない　です。」　と　言いました。でも、食べました。ザストーン　は　「これ　は　美味しくない　です！ステーキ　は　あります　か？」と　言いました。私　は　「ステーキ　は　ありません。」と　言いました。ザストーン　は　私　を　食べました！！

チャンク イー チーズ

変な 男の子 が いました。その 変な 男の子 は 嬉しくなかった です。変な 男の子 は コイン が 好き でした。でも、コイン が ありません。変な 男の子 は チャンク イー チーズ に 行きました。チャンク イー チーズ に 嬉しい チャンク が いました。変な 男の子 は 嬉しい チャンク に 「これ は チャンク イー チーズ の コイン です か?」と 言いました。嬉しい チャンク は 「それ は チャンク イー チーズ の コイン じゃありません。それ は コイン じゃありません。それ は ケーキ です。」と 言いました。変な 男の子 は ケーキ を 食べました。美味しかった です。変な 男の子 は 嬉しい チャンク に 「これ は チャンク イー チーズ の コイン です か?」と 言いました。嬉しい チャンク は 「それ は コイン です。でも、チャンク イー チーズ の コイン じゃありません。

それ は ペニー です。」と 言いました。変な 男の子 は ペニー を 食べました！美味しくなかった です。変な 男の子 は 嬉しくなかった です。チャンク イー チーズ の コイン が 欲しかった です。チャンク に 「美味しい チャンク イー チーズ の コイン は あります か？」と 言いました。嬉しい チャンク は 変な 男の子 に 「美味しい チャンク イー チーズ の コイン は ありません。でも、これ は チャンク イー チーズ の コイン です。これ を あげます。」と 言いました。嬉しい チャンク は 変な 男の子 に チャンク イー チーズ の コイン を あげました。変な 男の子 は 嬉しかった です。嬉しい チャンク は 「それ は 美味しくない です。」と 言いました。でも、変な 男の子 は チャンク イー チーズ の コイン を 食べました。「美味しい です！」 と 言いました。

Chapter 2 の たんご

TV ざらす	TV ザラス	TVs R Us
TV すーぱーすとあ	TV スーパーストア	TV Superstore
あいすらんど	アイスランド	Iceland
あげました		Gave
あげます		To give
あげません		To not give
あめりか	アメリカ	America
ありました		There was / Had (object)
あります		There is / To have (object)
ありません		There isn't / To not have (object)
ありませんでした		There wasn't / Didn't have (object)
いいました	言いました	Said
いきました	行きました	Went
いました		There was (person/animal) / (person/animal) was (somewhere)
います		There is (person/animal)/ (person/animal) is (somewhere)
いません		There isn't (person/animal)/ (person/animal) isn't (somewhere)
うぉーるまーと	ウォールマート	Walmart
うれしい	嬉しい	Happy
うれしかった	嬉しかった	Was happy
うれしくない	嬉しくない	Not happy
うれしくなかった	嬉しくなかった	Wasn't happy
おいしい	美味しい	Delicious
おいしかった	美味しかった	Was delicious
おいしくない	美味しくない	Not delicious
おいしくなかった	美味しくなかった	Wasn't delicious
おとこのこ	男の子	Boy

おんなのこ	女の子	Girl
かれー	カレー	Curry
くーぽん	クーポン	Coupon
くれじっとかーど	クレジットカード	Credit Card
けちゃっぷ	ケチャップ	Ketchup
こいん	コイン	Coin
これ		This
こんぴゅーたー	コンピューター	Computer
ざすとーん	ザ ストーン	The Stone
さんだる	サンダル	Sandals
じゃありませんでした		Wasn't / Didn't
じょあん	ジョアン	Joanne
しょっぴんぐせんたー	ショッピングセンター	Shopping Center
すぺいん	スペイン	Spain
そして		And then
その ～		That~ / The~
それ		That
たべました	食べました	Ate
だんざすとーんじぇんそん	ダンザストーンジェンソン	Dan "The Stone" Jenson
ちーず	チーズ	Cheese
ちゃんく	チャンク	Chunk
ちゃんく いー ちーず	チャンク イー チーズ	Chunk E Cheeze
でした		Was / Were
です		Is / Am / Are
てすら	テスラ	Tesla
てたなす わくちん	テタナス ワクチン	Tetanus Vaccine
でも		But

てりふぃっく ばれーぼーる	テリフィック バレーボール	Terrific Volleyball
てれび	テレビ	TV
と		(quotation marker)
に		At / To (destination marker)
ねっとふりっくす	ネットフリックス	Netflix
は		(topic marker)
ははは	ハハハ	Hahaha
ばれーぼーる	バレーボール	Volleyball
ぴんく	ピンク	Pink
ふぉーえばー12	フォーエバー12	Forever 12
ふらんす	フランス	France
べじまいと ばーがー	ベジマイト バーガー	Vegemite Burger
ぺっぱ ぴっぐ	ペッパ ピッグ	Peppa Pig
ぺにー	ペニー	Penny
へん（な）	変（な）	Strange
ぽーらんど	ポーランド	Poland
ほしい	欲しい	To want
ほしかった	欲しかった	Wanted
ほしくない	欲しくない	To not want
ほしくなかった	欲しくなかった	Didn't want
ほっとどっぐ	ホットドッグ	Hot dog
ぼびー	ボビー	Bobby
まくどなるど	マクドナルド	Mcdonalds
みりー	ミリー	Milly
わたし	私	I
を		(direct object marker)

Chapter 3

面白くない　ジャスティン

私　は　ジャスティン　です。私　は　元気な　男の子　です。でも、友達　は　「ジャスティン　は　面白くない　です。」と　言います。私　は　友達　に　「これ　は　面白い　です　か？」と　聞きました。でも、友達　は　「それ　は　ペン　です。その　ペン　は　面白くない　です。ジャスティン　は　面白くない　です。」と　言いました。私　は　面白い　トマト　が　あります。友達　に　「これ　は　面白い　です　か？」と　聞きました。友達　は　「それ　は　トマト　です。その　トマト　は　面白くない　です。」と　言いました。でも、私　は　嬉しい　です。その　友達　が　好き　じゃありません。でも、私　の　トマト　は　好き　です。そして、私　の　トマト　は　私　の　友達　です！

コカコーラ の コーヒー

昨日、私 は 眠かった です。女の人 に 「その コーヒー を くれます か?」と 聞きました。でも、その 女の人 は 「あげません!これ は 私 の コーヒー です!」と 言いました。私 は 嬉しくなかった です。私 は その 女の人 に 「その コカコーラ を 私 に くれます か?」と 聞きました。でも、その 女の人 は 「コカコーラ を あげません。コカコーラ の コーヒー は 美味しい です!でも、これ を あげます。」と 言いました。そして、その 変な 女の人 は 私 に ピザ を くれました。でも、美味しくなかった です。レモン の ピザ でした!

オーストラリア の ケーキ

昨日、私 は ケーキ を 食べませんでした。今日 も ケーキ を 食べませんでした。だから、私 は 元気 じゃありません。私 は ケーキ が 欲しかった です。だから、スーパーマーケット に 行きました。でも、スーパーマーケット に 美味しい ケーキ が ありませんでした！スーパーマーケット の ケーキ は なっとう(fermented soybean) の ケーキ でした！私 は 友達 に 「ヒュー ジャックスマン、これ は 美味しくない です。美味しい ケーキ は あります か？」と 聞きました。ヒュー ジャックスマン は 「なっとう(fermented soy bean) の ケーキ は 美味しくない です。でも、オーストラリア に 美味しい ベジマイト の ケーキ が あります。」と

言いました。だから、私 も ヒュー ジャックスマン も オーストラリア に 行きました。オーストラリア に 美味しい ケーキ も 美味しくない ケーキ も ありました。美味しい ケーキ は チョコレート の ケーキ でした。美味しくない ケーキ は ベジマイト の ケーキ でした。私 は ヒュー ジャックスマン に 「ベジマイト の ケーキ は 美味しくなかった です！ヒュー ジャックスマン は 私 の 友達 じゃありません！」と 言いました。

ジョニー の ガールフレンド

元気な 男の子 が ティンブクトゥ に いました。その 元気な 男の子 は ジョニー でした。 ジョニー は ティンブクトゥ が 好き でした。だから、嬉しかった です。 でも、昨日、ジョニー の ガールフレンド が ジョニー に 「ティンブクトゥ が 好き じゃありません。ヨーロッパ に 行きます。」 と 言いました。元気な ジョニー は 「ヨーロッパ??」と 聞きました。でも、 ガールフレンド は ヨーロッパ に 行きました。だから、今日、元気な ジョニー も ヨーロッパ に 行きました。

元気な ジョニー は ガールフレンド に 「ジェニー、ヨーロッパ は 面白い です。 ジェニー も ヨーロッパ が 好き です か?」と 聞きました。でも、ジェニー は ヨーロッパ が 好き じゃありません でした。ジェニー は ジョニー に

「ジョニー は 変な 人 です。ヨーロッパ は 面白くない です。」と 言いました。ジェニー は ヨーロッパ に 友達 が いませんでした。だから、ヨーロッパ は 面白くなかった です。ジェニー は カリフォルニア に 友達 が いました。ジェニー は ジョニー に 「カリフォルニア に 友達 が います。だから、ディズニーランド に 行きます！」と 言いました。元気な ジョニー は 嬉しかった です。ジョニー は ディズニーランド が 好き でした。だから、ジェニー も ジョニー も カリフォルニア の ディズニーランド に 行きました。

ディズニーランド に ジェニー の 友達 が いました。ジェニー は 友達 に 「私 は ドーナツ が 欲しい です。私 に ドーナツ を くれますか？」と 聞きました。その 友達 は 「私 は ジェニー が 好き です。

だから、ドーナツ を あげます。」と 言いました。ジェニー は 嬉しかった です。でも、ジェニー の 友達 は ジェニー に チュロ を あげました。ジェニー は 友達 に 「これ は ドーナツ じゃありません！私 は ドーナツ が 欲しい です！」と 言いました。その 友達 は 「それ は ディズニーランド の 美味しい チュロ です！」と 言いました。でも、ジェニー は ジョニー に 「私 は ドーナツ が 欲しかった です！チュロ は 欲しくない です。この 変な 友達 が 好き じゃありません。」と 言いました。ジェニー は カナダ の ティムホートンズ に 行きました。でも、ジョニー は ディズニーランド も チュロ も 好き でした。ジョニー は ジェニー の 友達 に 「私 は ガールフレンド が 欲しくない です。私 は チュロ が 欲しい です。」と 言いました。ジョニー も ジェニー の

友達 も 好きな チュロ を 食べました。そして、ジョニー も ジェニー の 友達 も 好きな スプラッシュ マウンテン に 行きました。ジェニー は いませんでした。でも、ジョニー は 嬉しかった です。

Chapter 3 の たんご

あげました		Gave
あげます		To give
あげません		To not give
あげませんでした		Didn't give
あります		There is / To have (object)
いいました	言いました	Said
いきました	行きました	Went
いました		There was (person/animal) / (person/animal) was (somewhere)
います		There is (person/animal)/ (person/animal) is (somewhere)
いません		There isn't (person/animal)/ (person/animal) isn't (somewhere)
いませんでした		There wasn't (person/animal)/ (person/animal) wasn't (somewhere)
うれしい	嬉しい	Happy
うれしくない	嬉しくない	Not happy
うれしくなかった	嬉しくなかった	Wasn't happy
おーすとらりあ	オーストラリア	Australia
おいしい	美味しい	Delicious
おとこのひと	男の人	Man

おもしろい	面白い	Interesting
おもしろくない		Not interesting
おんなのこ	女の子	Girl
おんなのひと	女の人	Woman
か		(question marker)
が		(subject marker)
がーるふれんど	ガールフレンド	Girlfriend
かりふぉるにあ	カリフォルニア	California
かんがるー	カンガルー	Kangaroo
ききました	聞きました	Asked
きのう	昨日	Yesterday
きょう	今日	Today
くれます		To give
くれませんでした		Didn't give
けーき	ケーキ	Cake
けーきわーるど	ケーキワールド	Cakeworld
こーひー	コーヒー	Coffee
こかこーら	コカコーラ	Coca-Cola
これ		This
じぇにー	ジェニー	Jenny
じみー	ジミー	Jimmy
じゃありません		Isn't / Doesn't
じゃすてぃん	ジャスティン	Justin
じょにー	ジョニー	Johnny
すーぱーまーけっと	スーパーマーケット	Supermarket
すき	好き	To like
すぷらっしゅ まうんてん	スプラッシュ マウンテン	Splash Mountain
せりーな	セリーナ	Selena

せりーな でぃおん	セリーナ ディオン	Selena Dion
そして		And then
その ～		That~ / The~
それ		That
だいあん	ダイアン	Diane
だから		Therefore
たべました	食べました	Ate
たべませんでした	食べませんでした	Didn't eat
ちゅろ	チュロ	Churro
ちょこれーと	チョコレート	Chocolate
でぃずにーらんど	ディズニーランド	Disneyland
てぃむ ほーとんず	ティム ホートンズ	Tim Hortons
ていらー すろう	テイラー スロウ	Taylor Slow
てぃんぶくとぅ	ティンブクトゥ	Timbuktu
てきさす	テキサス	Texas
でした		Was / Were
です		Is / Am / Are
でも		But
と		(quotation marker)
どーなつ	ドーナツ	Donut(s)
とまと	トマト	Tomato
ともだち	友達	Friend
に		At / To (destination marker)
にゅーよーく	ニューヨーク	New York
の		(possesive marker - 's)
は		(topic marker)
ぴざ	ピザ	Pizza
ひと	人	Person

ひゅー じゃっくすまん	ヒュー ジャックスマン	Hugh Jacksman
べじまいと	ベジマイト	Vegemite
ぺにー	ペニー	Penny
ぺん	ペン	Pen
へん（な）	変（な）	Strange
ほしい	欲しい	To want
ほしかった	欲しかった	Wanted
ほしくない	欲しくない	To not want
ぼぶ	ボブ	Bob
めーぷるしろっぷ	メープルシロップ	Maple Syrup
も		Also
もんとりおーる	モントリオール	Montreal
よーろっぱ	ヨーロッパ	Europe
らすべがす	ラスベガス	Las Vegas
れもん	レモン	Lemon
わたし	私	I
を		(direct object marker)

Chapter 4

コカコーラ の シリアル

眠い 女の子 が ボストン に いました。今日、その 眠い 女の子 は 学校 に 行きます。今日 は テスト が あります。だから、眠い 女の子 は 「ママ、私 は エネルギー が ありません。レッドブル を くれます か？」と 聞きました。でも、くれませんでした。だから、その 眠い 女の子 は コカコーラ の シリアル を 食べました。美味しくなかった です。でも、その 女の子 は 眠くなかった です。その 女の子 は 元気 でした。そして、

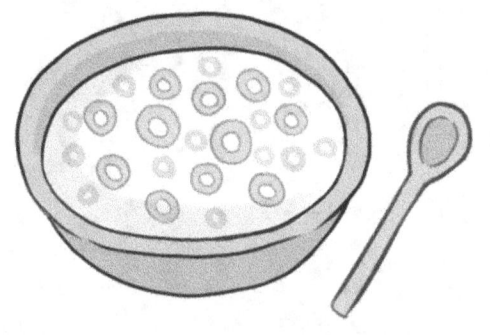

その 元気な 女の子 は 学校 に 行きました。

日本語 の 先生 は 「私 は 眠い です。だから、今日、テスト は ありません。今日 の 日本語 の クラス は ナップタイム です。」と 言いました。元気な 女の子 の 友達 は 嬉しかった です。でも、元気な 女の子 は 嬉しくなかった です。だから、先生 に コカコーラ の シリアル を あげました。美味しくなかった です。でも、先生 は コカコーラ の シリアル を 食べました。だから、先生 は 元気 でした。先生 は 「私 は 眠くない です。だから、今日、ナップタイム は ありません。今日、テスト が あります。」と 言いました。元気な 女の子 は 嬉しかった です。でも、元気な 女の子 の 友達 は 嬉しくなかった です。

イヴァンカ先生 ①

面白い 人 が メキシコ の 学校 に いました。その 面白い 人 は 英語 も 音楽 も 好き じゃありません でした。でも、その 面白い 人 は 学校 の 英語 の 音楽 の 先生 でした。その 先生 は クラス に 行きました。そして、先生 は 「私 は イヴァンカ先生 です。これ は 英語 の 音楽 の クラス です。」と 言いました。女の子 は「イヴァンカ先生、私 は アドリアナ です。英語 の 音楽 が 好き です。イヴァンカ先生 も バックストリートボーイズ が 好き です か？」と 聞きました。イヴァンカ先生 は 「アドリアナ、私 は 面白い 先生 です。でも、英語 の 音楽 は 面白くない です。私 は バックストリートボーイズ が 好き じゃありません。」と 言いました。

イヴァンカ先生 ②

アドリアナ は 嬉しくなかった です。イヴァンカ先生 は 英語 の 音楽 の 先生 です。でも、英語 の 音楽 が 好き じゃありません。バックストリートボーイズ が 好き じゃありません！！だから、アドリアナ は イヴァンカ先生 が 好き じゃありません でした。イヴァンカ先生 は みんな に 「これ は 英語 の 音楽 の クラス です。だから、みんな、英語 の 音楽 の レポート を 書きます。その レポート の タイトル は 『面白くない 英語 の 音楽』 です。」と 言いました。アドリアナ は 嬉しくなかった です。アドリアナ は イヴァンカ先生 に 「先生、これ は 英語 の 音楽 の クラス です。私 は 英語 の 音楽 を 聞きます。」と 言いました。イヴァンカ先生 は アドリアナ に 「アドリアナ は 英語 が 好き です か？」と 聞きました。

「英語　が　好き　です。」

「みんな、アドリアナ　は　英語　が　好き　です。だから、みんな、レポート　を　英語　で　書いてください。」

クラス　の　みんな　は　嬉しくなかったです。でも、みんな　は　「A」が　欲しかったです。だから、レポート　を　書きました。イヴァンカ先生　は　みんな　に　「A」を　あげました。でも、アドリアナ　に　「C-」を　あげました。

日本語 の クラス

私 も 私 の 友達 も 面白い 先生 が 好き です。でも、私 の 日本語 の 先生 は 面白くない です。その 日本語 の 先生 が 好き じゃありません。私 の 友達 も その 日本語 の 先生 が 好き じゃありません。

昨日、私 は 日本語 の クラス に 行きました。先生 は 面白くなかった です。だから、私 は 眠かった です。先生 は 「おはようございます」 と 言いました。そして、先生 は ホワイトボード に 「I like Japanese Class」と 書きました。先生 は 「みんな、ノート に これ を 日本語 で 書いてください。」と 言いました。でも、私 は 日本語 の クラス が 好き じゃありません。だから、書きませんでした。面白くない 先生 は 私 に 「ビリーボブ、これ を 書いてください。」と 言いました。

「でも、先生、私 は 日本語 の クラス が 好きじゃありません。」
「書いてください！」
「でも、先生、私 は 眠い です。」
「書いてください！！！」
私 は ノート に 「I like Japanese Class」 と 書きました。その ノート を 先生 に あげました。でも、先生 は 嬉しくなかった です。私 は 先生 に 「私 は 書きました。先生 は 嬉しくない です か？」と 聞きました。
先生 は 「嬉しくない です！変な ビリーボブ は 英語 で 書きました！」と 言いました。
「先生、私 は 英語 が 好き です。」
「日本語 で 書いてください！！！」
「でも、 先生、私 は 英語 が 好き です。だから、英語 で 書きました。」
「これ は 日本語 の クラス です！日本語 で 書いてください！」

「でも、先生、私 は 日本語 が 好き じゃありません。」
私 の 面白くない 先生 は 嬉しくなかった です。そして、先生 は 私 に「私 は 変な ビリーボブ が 好き じゃありません！」と 言いました。だから、私 は フランシス 先生 の クラス に 行きました。

フランシス 先生 は 英語 の 先生 です。だから、「日本語 で 書いてください！」と 言いませんでした。でも、フランシス 先生 も 面白くない です。だから、私 は アイポッド で 音楽 を 聞きました。先生 は 「みんな、おはようございます。今日、面白い レポート を 書いてください。」と 言いました。でも、私 は 書きませんでした。フランシス 先生 は 私 に「ビリーボブ、レポート を 書いてください。」と 言いました。

「でも、先生、私 は 眠い です。」
「レポート を 書いてください。」
「でも、先生、私 は 音楽 が 好き です。音楽 を 聞きます。」
「これ は 音楽 の クラス じゃありません。これ は 英語 の クラス です！！」
「でも、先生、これ は 英語 の 音楽 です。」
「レポート を 書いてください！！！！」
私 は ノート に 「レポート」と 書きました。その ノート を 先生 に あげました。先生 は 嬉しくなかった です。そして、先生 は 私 に 「私 は 変な ビリーボブ が 好き じゃありません！！」と 言いました。

昨日 の 日本語 の クラス も 英語 の クラス も 面白くなかった です。だから、今日、私 は 音楽 の クラス に

行きました。元気な 音楽 の 先生 は
「みんな、おはようございます。」と 言いました。私 は その 元気な 先生 に
「先生、これ は 音楽 の クラス です。だから、音楽 を 聞きます か？」と 聞きました。
「ビリーボブ、昨日、音楽 を 聞きました。今日 は 日本語 の 音楽 の レポート を 書きます。日本語 で 書いてください。」
「レポート！！??日本語 で！！??私 は 書きません！！これ は 音楽 の クラス です！！！私 は 音楽 を 聞きます！！！」

Chapter 4 の たんご

あいすてぃー	アイスティー	Iced Tea
あいぽっど	アイポッド	Ipod
あげました		Gave
あげます		To give
あどりあな	アドリアナ	Adriana
ありました		There was / Had (object)

あります		There is / To have (object)
ありません		There isn't / To not have (object)
いいました	言いました	Said
いゔぁんか	イヴァンカ	Ivanka
いきました	行きました	Went
いきます	行きます	To go
いきませんでした	行きませんでした	Didn't go
いました		There was (person/animal) / (person/animal) was (somewhere)
うぉー あんど ぴーす	ウォー アンド ピース	War and Peace
うれしかった	嬉しかった	Was happy
うれしくなかった	嬉しくなかった	Wasn't happy
えいご	英語	English
えでぃー	エディー	Eddie
えねるぎー	エネルギー	Energy
おいしい	美味しい	Delicious
おいしくなかった	美味しくなかった	Wasn't delicious
おとこのこ	男の子	Boy
おはようございます		Good morning
おもしろい	面白い	Interesting
おもしろくない	面白くない	Not interesting
おもしろくなかった	面白くなかった	Wasn't interesting
おんがく	音楽	Music
おんなのこ	女の子	Girl
か		(question marker)
が		(subject marker)
かいてください	書いてください	Please write
かきました	書きました	Wrote
かきます	書きます	To write

かきません	書きません	To not write
かきませんでした	書きませんでした	Didn't write
がっこう	学校	School
から	カラ	Kara
ききました	聞きました	Asked
ききました	聞きました	Listened
ききます	聞きます	To listen
ききません	聞きません	To not listen
きのう	昨日	Yesterday
きょう	今日	Today
ください		Please
くらす	クラス	Class
くれました		Gave
くれます		To give
くれませんでした		Didn't give
げんき（な）	元気（な）	Healthy / Energetic
こーひー	コーヒー	Coffee
こかこーら	コカコーラ	Coca-Cola
これ		This
こんさーと	コンサート	Concert
こんぶちゃ	コンブチャ	Kombucha
こんぶちゃ どーなつ	コンブチャ ドーナツ	Kombucha Donut
しゃーぴー	シャーピー	Sharpie
じゃありません		Isn't / Doesn't
じゃありませんでした		Wasn't / Didn't
じゃすてぃん びーばー	ジャスティン ビーバー	Justin Bieber
じょにー	ジョニー	Johnny
しりある	シリアル	Cereal

すき	好き	To like
すたーばっくす	スターバックス	Starbucks
すぺしゃる	スペシャル	Special
せんせい	先生	Teacher
そして		And then
その～		That～ / The～
それ		That
たいとる	タイトル	Title
だから		Therefore
たくしー	タクシー	Taxi
たべました	食べました	Ate
で		By / Using
でした		Was / Were
です		Is / Am / Are
てすと	テスト	Test
でも		But
と		(quotation marker)
どーなつ	ドーナツ	Donut(s)
ともだち	友達	Friend
なっぷたいむ	ナップタイム	Naptime
に		At / To (destination marker)
にほんご	日本語	Japanese
ねむい	眠い	Sleepy
ねむかった	眠かった	Was sleepy
ねむくない	眠くない	Not sleepy
ねむくなかった	眠くなかった	Wasn't sleepy
の		(possesive marker - 's)
のーと	ノート	Notebook

は		(topic marker)
ばす	バス	Bus
ばっくすとりーとぼーいず	バックストリートボーイズ	Backstreet Boys
ひと	人	Person
びりーぼぶ	ビリーボブ	Billy-bob
ふらんしす	フランシス	Francis
ぺーじ	ページ	Page
へん（な）	変（な）	Strange
ほしい	欲しい	To want
ほしかった	欲しかった	Wanted
ぼすとん	ボストン	Boston
ほわいとぼーど	ホワイトボード	Whiteboard
まま	ママ	Mama
みすたーどーなつ	ミスタードーナツ	Mr. Donuts
みるく	ミルク	Milk
みんな		Everyone
めきしこ	メキシコ	Mexico
も		Also
ゆーちゅーぶ	ユーチューブ	Youtube
りさ	リサ	Lisa
れっどぶる	レッドブル	Red Bull
れびゅー	レビュー	Review
れぽーと	レポート	Report
わたし	私	I
わたし　の	私　の	My
を		(direct object marker)

Chapter 5

嬉しくない　ケイティー

嬉しくない　女の子　が　コフィンベイ　の　家　に　いました。その　嬉しくない　女の子　は　ケイティーでした。ケイティー　の　お母さん　も　お父さん　も　日本　の　家　に　行きます。お母さん　は　ケイティー　に
「ケイティー　は　コフィンベイ　に　友達　が　います。だから、ケイティー　は　大丈夫　です。」と　言いました。でも、ケイティー　は　大丈夫　じゃありませんでした。だから、ケイティー　は　オーストラリア　の　ナップナップ　に　行きました。
ナップナップ　に　眠い　男の子　が

いました。その 眠い 男の子 は ケイティー に 「大丈夫 です か?」と 聞きました。 ケイティー は 「私 は お父さん が 欲しい です。」と 言いました。眠い 男の子 は 「私 は お父さん です。」と 言いました。でも、ケイティー は 眠い お父さん が 欲しくなかった です。だから、 「大丈夫 です。私 は エッグズ アンド ベーコンベイ に 行きます。」と 言いました。

エッグズ アンド ベーコンベイ の 家 に 面白い 女の人 が いました。その 面白い 女の人 は ケイティー に 「大丈夫 です か?」と 聞きました。ケイティー は 「私 は お母さん が 欲しい です。」と 言いました。面白い 女の人 は 「私 は お母さん じゃありません。でも、エッグズ アンド ベーコンベイ の 美味しい アイスクリーム を あげます。」と 言いました。ケイティー は アイスクリーム

を 食べました。**美味しかった です！**そして、ケイティー は その 面白い 女の人 に 「私 の お母さん も お父さん も 日本 の 家 に います。でも、エッグズ アンド ベーコンベイ の アイスクリーム を 食べました。だから、私 は 大丈夫 です。」と 言いました。

青い ツアー

「お父さん、今日、なに を します か?」

「今日、みんな で 青い ツアー を します。」

「青い ツアー で 何 を します か?」

「青い ツアー で 青い レストラン に 行きます。そして、青い コンサート に も 行きます。」

「青い レストラン?? 青い レストラン で 何 を 食べます か?」

「青い レストラン に は 美味しい ハンバーガー が あります。青い ハンバーガー です。青い ケーキ も あります。」

「私 は 茶色 の ハンバーガー が 欲しい です。チョコレート の ケーキ が 欲しい です。」

「青い レストラン に は チョコレート の ケーキ が あります!青い チョコレート ケーキ です!」

「お父さん！青い チョコレート ケーキ は 欲しくない です！茶色 の チョコレート ケーキ を 食べます！私 は 青い レストラン に 行きません！」

「青い コンサート に 行きます か？」

「それ は 何 の コンサート です か？」

「ザ ブルー マン グループ の コンサート です。」

「青い 男の人 の グループ の コンサート です か？それ は 変 です。私 は 行きません！」

私 は 青い ツアー に 行きませんでした。でも、私 の お父さん も お母さん も 行きました。私 は 家 で 茶色 の ハンバーガー も 茶色 の チョコレート ケーキ も 食べました。でも、美味しくなかった です。そして、コンピューター で 青い 男の人 の グループ の 音楽 を 聞きました。

面白かったです！だから、私はコンサートに行きました。でも、コンサートでお父さんもお母さんも変なダンスをしました。だから、私は青い女の人のグループのコンサートに行きました。

ジョン の ガールフレンド

私 は ガールフレンド が 欲しい です。でも、女の子 は みんな、他 の 男の子 が 好き です。ハンサムな 男の子 が 好き です。私 は ハンサムな 男の子 じゃありません。そして、ハンサムな 男の子 に なりません。

私 は アラバマ の ドッグダウン に 行きました。ドッグダウン に 変な 女の子 が いました。
「変な 女の子、私 の ガールフレンド に なります か？」
「なりません。私 は 変な 男の子 が 好き です。」
「他 に 女の子 は います か？」
「ドッグダウン の みんな は 変な 人 が 好き です。」
私 は 変な 人 じゃありません。そして、

変な 人に なりません。だから、ミネソタ の エンバラス に 行きました。

ミネソタ の エンバラス に 元気な 女の子 が いました。
「元気な 女の子、私 の ガールフレンド に なります か？」
「なりません。私 は 元気な ボーイフレンド が 欲しい です。」
「他 に 女の子 は います か？」
「エンバラス の みんな は 元気な 人 が 好き です。」
私 は 元気な 人 じゃありません。そして、元気な 人 に なりません。だから、ウィスコンシン の イマローン に 行きました。

イマローン に 眠い 女の人 が いました。
「眠い 女の人、私 は ジョン です。私 の ガールフレンド に なります か？」

「なります。私 は ハンサムな 人 が 好き
です。でも、他 に 男の子 が いません。」
「他 に 男の子 が いません か？」
「いません。だから、イマローン の みんな
は ジョン の ガールフレンド に
なります。」
私 は 嬉しかった です。

眠い お母さん

元気な 女の人 が 日本 に いました。日本 の とうきょう に いました。その 元気な 女の人 は パーティー も ダンス も 好き でした。みんな は その 元気な 女の人 に 「ソフィア、フォートナイト の ダンス を してください！ソフィア、マカレナ の ダンス を してください！」と 言いました。ソフィア は 嬉しかった です。ソフィア は ダンス も 友達 も 好き でした。
でも、その 元気な ソフィア は お母さん に なりました。その 元気な 女の人 は 眠い お母さん に なりました。ソフィア は 昨日 も、 今日 も、 パーティー を しませんでした。ダンス も しませんでした。そして、眠い ソフィア は 昨日 も、今日 も、家 に いました。ソフィア の 友達 は 「ソフィア、ザ チキン の ダンス を してください！」と 言いました。

でも、ソフィア は その 友達 に 「私 は お母さん です。だから、眠い です。ダンス を しません。」と 言いました。他 の 友達 は 「ソフィア、パーティー に 行きます か?」と 聞きました。ソフィア は 「私 は お母さん です。眠い です。私 は 家 に います。パーティー に 行きません。」と 言いました。みんな が 「ソフィア は パーティー に 行きません。ダンス を しません。ソフィア は 面白くない 人 に なりました!私 は お母さん に なりません!」と 言いました。でも、ソフィア は 大丈夫 でした。ソフィア は ソフィア の 女の子 が 好き でした。だから、ソフィア は 大丈夫 でした。

ソフィア の 女の子 は エイミー でした。
エイミー の 眠い お父さん は ジミー
でした。ジミー は ソフィア に 「私 も
ソフィア も 眠い です。でも、今日 は
クリスマス です。だから、パーティー に
行きます か?」 と 聞きました。ソフィア は
「私 の お母さん の パーティー に
行きます。」 と 言いました。ソフィア は
青 が 好き でした。だから、エイミー の
Tシャツ も パンツ も 青 でした。でも、
ジミー は 「ソフィア、エイミー は その
茶色 の パンツ で パーティー に
行きます か?」 と 聞きました。ソフィア は
「エイミー の パンツ は 青い です。」 と
言いました。でも、その 青い パンツ は
茶色 に なりました、、、、。だから、
ソフィア の お母さん の パーティー に
行きませんでした。
ソフィア は ソフィア の お母さん に
Eメール を 書きました。「私 も ジミー

も 眠い です。だから、今日 の クリスマス パーティー に 行きません。」と 書きました。ソフィア の お母さん は Eメール で 「ソフィア も ジミー も 眠い です か？ベビーシッター が 欲しい です か？私 が ベビーシット を します。リラックス してください。」と 書きました。ソフィア も ジミー も 嬉しかった です。ソフィア も ジミー も エイミー が 好き でした。でも、眠かった です。ソフィア は 「お母さん の 家 に 行きます！！」と 言いました。

ソフィア の お母さん の 家 に 行きました。でも、お母さん は いませんでした。ジミー は ソフィア に 「ソフィア の お母さん に Eメール を してください。」と 言いました。ソフィア は お母さん に Eメール で 「エイミー は お母さん の 家 に います。ベビーシット を

してください。私 は アラスカ の クルーズ に 行きます。」と 書きました。ソフィア は ジミー に 「アラスカ の クルーズ に 行きます！」と 言いました。でも、ジミー は 「私 は クルーズ が 好き です。でも、私 は お父さん です。ソフィア の お母さん は いません。お母さんの 家 に クーガー が います。エイミー は 大丈夫 です か？」と 聞きました。ソフィア は 「クーガー が います。でも、エイミー の 茶色 の パンツ は 美味しくない です。だから、大丈夫 です。」と 言いました。そして、ソフィア も ジミー も アラスカ の クルーズ に 行きました。

Chapter 5 の たんご

Eめーる	Eメール	Email
Tしゃつ	Tシャツ	Tshirt
あいすくりーむ	アイスクリーム	Ice Cream
あいであ	アイデア	Idea
あお	青	Blue(noun)
あおい	青い	Blue(adjective)
あおかった		Was blue
あげました		Gave
あらすか	アラスカ	Alaska
あらばま	アラバマ	Alabama
ありました		There was / Had (object)
あります		There is / To have (object)
ありませんでした		There wasn't / Didn't have (object)
いいました	言いました	Said
いえ	家	Home / House
いきました	行きました	Went
いきます	行きます	To go
いきません	行きません	To not go
いきませんでした	行きませんでした	Didn't go
いました		There was (person/animal) / (person/animal) was (somewhere)
います		There is (person/animal)/ (person/animal) is (somewhere)
いません		There isn't (person/animal)/ (person/animal) isn't (somewhere)
いませんでした		There wasn't (person/animal)/ (person/animal) wasn't (somewhere)
いまろーん	イマローン	Imalone(town)
ういすこんしん	ウィスコンシン	Wisconsin
うれしかった	嬉しかった	Was happy

うれしくない	嬉しくない	Not happy
うれしくなかった	嬉しくなかった	Wasn't happy
えあかなだ	エアカナダ	Air Canada
えあじゃぱん	エアジャパン	Air Japan
えいご	英語	English
えいみー	エイミー	Amy
えっぐず あんど べーこんべい	エッグズ アンド ベーコンベイ	Eggs and Bacon Bay(town)
えんばらす	エンバラス	Embarrass(town)
おーすとらりあ	オーストラリア	Australia
おいしい	美味しい	Delicious
おいしかった	美味しかった	Was delicious
おいしくなかった	美味しくなかった	Wasn't delicious
おかあさん	お母さん	Mother
おとうさん	お父さん	Father
おとこのこ	男の子	Boy
おとこのひと	男の人	Man
おはようございます		Good morning
おもしろい	面白い	Interesting
おもしろかった	面白かった	Was interesting
おんがく	音楽	Music
おんなのこ	女の子	Girl
おんなのひと	女の人	Woman
か		(question marker)
が		(subject marker)
かーど	カード	Card
がーるふれんど	ガールフレンド	Girlfriend
かいてください	書いてください	Please write
かきました	書きました	Wrote

かきます	書きます	To write
がっこう	学校	School
かなだ	カナダ	Canada
ききました	聞きました	Asked
きのう	昨日	Yesterday
きょう	今日	Today
くーがー	クーガー	Cougar
くりすます	クリスマス	Christmas
くるーず	クルーズ	Cruise
ぐるーぷ	グループ	Group
くれじっとかーど	クレジットカード	Credit card
くれました		Gave
くれます		To give
くれませんでした		Didn't give
くれよん	クレヨン	Crayon
けーき	ケーキ	Cake
けいてぃー	ケイティー	Katie
げんき（な）	元気（な）	Healthy / Energetic
こふぃんべい	コフィンベイ	Coffin Bay(town)
これ		This
こんさーと	コンサート	Concert
ざ ちきん	ザ チキン	The Chicken
ざ ぶるー まん ぐるーぷ	ザ ブルー マン グループ	The Blue Man Group
じぇい	ジェイ	Jay
しぇふ	シェフ	Chef
してください		Please do
しました		Did
します		To do

しません		To not do
しませんでした		Didn't do
じみー	ジミー	Jimmy
じゃありません		Isn't / Doesn't
じゃありませんでした		Wasn't / Didn't
じょん	ジョン	John
すき	好き	To like
せんせい	先生	Teacher
そして		And then
その〜		That〜 / The〜
そふぃあ	ソフィア	Sofia
それ		That
だいじょうぶ	大丈夫	Okay
だから		Therefore
たべました	食べました	Ate
たべません	食べません	To not eat
だんす	ダンス	Dance
ちけっと	チケット	Ticket
ちゃいろ（の）	茶色（の）	Brown
ちょこれーと	チョコレート	Chocolate
ちょこれーとけーき	チョコレートケーキ	Chocolate Cake
ちょこれーとそーす	チョコレートソース	Chocolate Sauce
つあー	ツアー	Tour
で		At / in (location marker)
で		By / Using
でした		Was / Were
です		Is / Am / Are
でも		But

と		(quotation marker)
といれっとぺーぱー	トイレットペーパー	Toilet Paper
とうきょう		Tokyo
どっぐたうん	ドッグダウン	Dogtown(town)
ともだち	友達	Friend
とれーにんぐ	トレーニング	Training
とれーにんぐるーむ	トレーニングルーム	Training Room
なっぷなっぷ	ナップナップ	Nap Nap(town)
なに	何	What
なりました		Became
なります		To become
なりません		To not become
なりませんでした		Didn't become
なん	何	What
に		At / To (destination marker)
にほん	日本	Japan
ねむい	眠い	Sleepy
ねむかった	眠かった	Was sleepy
の		(possesive marker - 's)
のーと	ノート	Notebook
は		(topic marker)
ぱーてぃー	パーティー	Party
ばっきー	バッキー	Bucky
はは	ハハ	HAHA
はんさむ	ハンサム	Handsome
ぱんつ	パンツ	Pants
はんばーがー	ハンバーガー	Hamburger
ひと	人	Person

ふぉーとないと	フォートナイト	Fortnite
ぶるーべりーけーき	ブルーベリーケーキ	Blueberry Cake
べーこん	ベーコン	Bacon
べーこんこぶ	ベーコンコブ	Bacon Cove(town)
べびーしったー	ベビーシッター	Babysitter
べびーしっと	ベビーシット	Babysit
ぺん	ペン	Pen
へん（な）	変（な）	Strange
ぼーいふれんど	ボーイフレンド	Boyfriend
ほか（の・に）	他（の・に）	Other
ほしい	欲しい	To want
ほしかった	欲しかった	Wanted
ほしくない	欲しくない	To not want
ほしくなかった	欲しくなかった	Didn't want
まかれな	マカレナ	Macarena
みねそた	ミネソタ	Minnesota
みんな		Everyone
みんな　で		All together / With everyone
も		Also
もでる	モデル	Model
りらっくす	リラックス	Relax
れすとらん	レストラン	Restaurant
れぽーと	レポート	Report
わたし	私	I
を		(direct object marker)

www.ingramcontent.com/pod-product-compliance
Lightning Source LLC
Chambersburg PA
CBHW071915070526
44583CB00016B/2006